APPUNTI DI PROGRAMMAZIONE E CONTROLLO

CAPITOLO 1

L'attività di pianificazione e controllo dovrebbe essere una prerogativa di un buon management. Diventa importantissima questa attività quando è difficile controllare e pianificare, come oggi per esempio poiché è più difficile prevedere ciò che accadrà nel futuro.

Attività di gestione, pianificazione: pianificare (planning) ==> organizzare le risorse (organize) ==> guidare le risorse (leading) ==> execution ==> controlling (struttura ad anello) ==> planning.

Pianificare: 1. definire gli obiettivi, 2. definire oggi le azioni da intraprendere un domani per raggiungere gli obiettivi.

Il controllo deve essere sempre fatto, più si anticipano i problemi con il continuo controllo meglio è, più facile sarà la risoluzione degli stessi.

Programmazione e controllo è l'insieme di controlling e plannig, ossia controllo di gestione.

L'attività di gestione(management), è un processo che prevede il susseguirsi di insiemi di decisioni e conseguenti azioni relative al reperimento, all'allocazione e all'utilizzo di risorse per conseguire un fine (obiettivo). La parte principale per poter fare bene questa attività è stabilire un obiettivo, in modo da muoverci di conseguenza.

L'imprenditore ha come obiettivo principale il far perdurare nel tempo la propria impresa, e questo avviene solo se rispetta i principi di economicità, ossia:

      1. risultati economici: i ricavi devono almeno essere uguali ai costi. Nessuna impresa, neanche le no-profit,

    possono sopravvivere se hanno costi superiori dei ricavi

2. risultati sociali: CSR (responsabilità sociale d'impresa)
3. risultati competitivi.

Le modalità dei controlli sono diverse a seconda di ciò che si controlla: per i risultati economici si ha un controllo economico, per quelli competitivi e sociali c'è il controllo dei comportamenti. In questo caso il parametro da controllare è la fidelizzazione e la soddisfazione dei propri clienti.

Ci sono tre aspetti importanti nell'attività di direzione(gestione):

- misurare per conoscere
- misurare per decidere
- misurare per attuare la strategia

CAPITOLO 2

P er l'attività di gestione fondamentale è la contabilità direzionale (management accounting). Questa ci aiuta a capire i costi e i ricavi e serve ad informare per gestire e prendere decisioni giuste. Il principio fondamentale del management accounting è la tempestività, perché è importante prendere le decisioni al momento giusto.

Gli strumenti del management accounting sono:

- la contabilità analitica: rileva a consuntivo elementi di ricavo e costo con riferimento a specifici oggetti. Serve a prendere le decisioni;
- budget: serie di decisioni prese prima che si svolga la gestione, delle quali voglio capire l'impatto sulla dimensione eco-fin;
- sistema di reporting: rapporto tra previsionale e consuntivo

Il costo non sempre è una spesa, ed è la quantità di moneta necessaria per avere la disponibilità di una risorsa.

Sui costi sono stati fatti alcuni ragionamenti: la classificazione dei costi e il calcolo dei costi.

Classificazione dei costi

La prima classificazione dei costi che venne fatta, nel 1925, differenziava i costi tra costi diretti e indiretti: questo dipendeva dal legame tra fattore produttivo e prodotto.

Nel 1930-35 venne fatta la distinzione tra costi variabili e

<u>fissi</u>: i costi variabili sono quelli che variano al variare della produzione, quelli fissi sono quelli che si hanno indipendentemente dalla quantità prodotta.

Nel 1970 vennero divisi in <u>costi specifici e comuni</u>: i costi specifici sono tutti quei costi che oggettivamente possono essere imputati al prodotto; i costi comuni sono dei costi comuni a tutte le aree di produzione e che vengono divise tra esse a seconda di elementi arbitrari → non molto veritiero. La caratteristica di un costo di essere specifico o comune dipende dall'oggetto di calcolo, non è una distinzione assoluta.

Ricavi-costi operativi = reddito operativo

Ricavi-costi variabili = 1° margine di contribuzione

Ricavi-costi variabili specifici = 2° margine di contribuzione

Metodologia di calcolo dei costi:

- Full costing o calcolo al costo pieno: prima metodologia, usata da Ford per esempio, si attribuiscono tutti i costi all'oggetto di calcolo. Spesso è soggettivo (1920).

- Direct costing o variable costing: distingue tra i costi diretti e indiretti, entrano nel calcolo del costo di un prodotto solo i costi diretti e variabili (1930).

- Traceble costing o calcolo a costi specifici: nel calcolo del prodotto prendo tutti e solo i costi specifici (1980).

CAPITOLO 3

La contabilità generale (financial accounting) va per natura, quella analitica va per destinazione (dove vengono utilizzati i fattori produttivi o generati costi e ricavi). Per avere una buona attività, innanzitutto devo avere una strategia, in funzione di cui poi si lavora e si prendono tutte le decisioni → scegliere quali clienti avere, target ecc...

Abc: activity based costing → si passa dalla logica dei centri di costi (luogo dove consumavo le risorse) all'attività/processi: può essere tenuto a costi variabili, specifici o pieni. Non vado più a chiedere dove consumo ma perché consumo. Non sono i prodotti che consumano le risorse, ma sono le attività che si svolgono per produrli e offrirli al cliente, per confezionare la customer value proprosition. Per impostare l'abc bisogna:

1. individuare le attività, mappatura delle attività;
2. allocare le risorse alle attività;
3. scegliere i cost driver (variabili che aiutano a imputare i costi delle attività sui prodotti e sui servizi; indicatori di complessità)

CAPITOLO 4

Caso: Gruppo Campari

Campari è il leader nel marketing degli spirits. Campari ha una quarantina di marchi nel suo gruppo. L'Italia realizza il 41% delle vendite nette, c'è una forte leadership nei segmenti degli Spirits. Il resto d'Europa sviluppa il 22% delle vendite nette, Paesi forti Germania, Belgio. USA fanno il 21% delle vendite nette. Il Brasile 8%. Campari produce in 13 stabilimenti: 4 Italia, 1 Francia, 1 Grecia, 1 Scozia, 1 Ucraina, 1 USA, 1 Argentina, 1 Messico, 2 Brasile. Inoltre ci sono 5 winery: 3 Italia, 1 Francia, 1 Cina.

Fattori principali di crescita:

- crescita organica: vuol dire che il gruppo cresce, punta a ingrandirsi e a conquistare nuove quote di mercato; incremento di marketing sui marchi per crescere; attenzione ai costi che non generano ricavi.
- crescita esterna: valutazione dei mercati, individuazione luoghi dove poter inserirsi.

Il 2008 chiuso con vendite per 942,3 milioni di €, + 6% sull'anno precedente → Americhe che diventano più forti; prodotti stabili. Il gruppo Campari è diviso in Business Unit, denominate per aree (Italia, nord America, Sud America, Europa centrale, Europa internazionale, Wines) e con una nuova Business Unit che è trasversale a tutte le altre che è quella della product supply chain. Le Business Unit creano valore gestendo il core-business a livello locale. Nella crescita organica le funzioni corporate definiscono la strategia e controllano i costi; nella crescita esterna investigano il mercato cercando delle nuove opportunità a livello sia di nuove acquisizioni sia di sviluppo dei propri prodotti in nuove aree. Curano anche la buona riuscita dell'integrazione successiva all'acquisizione, senza mai essere troppo invasivi.

Per riuscire a sviluppare la mission e la strategia dell'impresa ci si deve dotare di uno strumento di supporto nella gestione strategica, che traduce in numeri e operazioni la mission e la strategia decisa inizialmente.

Il gruppo chiede a tutte le sue corporate e Business Unit uno strategic plan, di solito a 3 anni, non di più perché perderebbe di significato, che indica quali sono i macro obiettivi da voler raggiungere, che poi vengono tradotti in budget.

Funzione Group Finance

Mission: massimizzare la performance finanziaria ottimizzando gli investimenti di A&P; massimizzare le opportunità offerte dal mercato dei capitali equity e di debito; minimizzare l'esposizione ai rischi legati ai tassi di interesse e cambi.

Strumenti: pianificazione e controllo, reporting interno ed esterno, ottimizzazione della gestione della liquidità e del debito a breve e lungo, copertura del rischio tassi di interesse e cambi, verifica del grado di raggiungimento degli obiettivi e annunci trimestrali dei risultati.

CAPITOLO 5

Il processo di definizione degli obiettivi

Senza obiettivi l'attività di controllo perde efficacia e rilevanza. Bastano anche pochi obiettivi ma devono essere molto chiari. Senza obiettivi, con il controllo, non capisco neanche se vado bene o male.

Ci sono 3 possibili fonti di obiettivi:

- le finalità dell'azienda (crescita e durata nel tempo in Italia);
- la mission (chi voglio essere e come devo operare nel business in cui opero);
- l'economicità (risultati economici, sociali, competitivi).

Gli obiettivi possono essere:

- di gestione strategica: tutto quello che riguarda le scelte che condizionano il rapporto tra impresa e ambiente esterno; → social strategy: tutti i fatti dell'impresa che si riflettono poi anche come aspetto sociale nell'ambiente esterno;
- di gestione operativa: come l'impresa utilizza le risorse; come si organizzano le risorse all'interno dell'azienda. A seconda di come si utilizzano le risorse si misura l'efficienza (rapporto risorse-output → quantitativo) e l'efficacia (capacità di raggiungere un obiettivo → qualitativo) dell'impresa.

È impossibile fare una buona gestione operativa (come utilizzare le risorse) se non vi è una gestione strategica (dà le risorse da util-

izzare alla gestione operativa).
Gli obiettivi vanno dati considerando le caratteristiche dell'ambiente esterno, i valori e gli obiettivi del vertice e la storia aziendale.

Costi diversi per scopi diversi e in situazioni diverse

Il metodo del variable costing, suggerisce di imputare solo i costi variabili all'oggetto del quale voglio calcolare il costo, arrivando ad avere il margine di contribuzione industriale (quando tolgo dai ricavi solo i costi industriali) o aziendale (quando tolgo anche quelli commerciali).
Il metodo del traceable costing dice di imputare all'oggetto di calcolo solo i costi specifici (fissi e variabili). Alla fine ho il secondo margine di contribuzione, togliendo dal primo margine i costi specifici. Questo è il metodo migliore per prendere le decisioni strategiche.

La balanced scorecard (b.sc.)

Prima della b.sc., si pensava che il collegamento tra la gestione strategica e quella operativa era la pianificazione strategica. In realtà, questo è sempre più stato messo in discussione, poiché ci si accorse che c'era bisogno di uno strumento più semplice, snello e flessibile. Questo strumento è la balanced scorecard (1992).
La b.sc. monitora le competenze, individua quello che serve nell'impresa.
Elementi caratterizzanti della b.sc.:
1. creare un legame oggettivo tra strategia e gestione operativa;
2. non limitarsi alle variabili eco-fin → n.f.i. (non financial indicators)
3. selezionare poche variabili operative, quelle strategicamente rilevanti → per fare ciò la b.sc. ha come stru-

mento la <u>mappa strategica</u>.

La b.sc. è uno strumento che si basa su 4 scorecard, che sono delle tabelle segna punti; in pratica sono 4 prospettive che hanno al centro la mission e gli obiettivi strategici (strategia).

CAPITOLO 6

Per prendere delle decisioni bisogna avere uno schema ben definito, e per Herbert Simon il processo decisionale dovrebbe essere:

1. manifestarsi di un problema e comprensione del problema
2. ricordarsi ed esplicitare gli obiettivi
3. individuare le alternative di azione: questo avviene a razionalità limitata poiché in realtà non si considerano tutte le alternative; la razionalità pura non esiste
4. raccogliere le informazioni rilevanti: <u>sono quelle che cambiano nel loro ammontare o nel loro configurarsi nelle diverse alternative.</u> Per le decisioni operative (breve termine) sono rilevanti solo le informazioni dei costi variabili. Per le decisioni strategiche (lungo termine) sono rilevanti solo le informazioni dei costi specifici (variabili e fissi).
5. scegliere tra le diverse alternative quella migliore che viene scelta in base a due criteri:
   a. convenienza economica
   b. convenienza strategico-organizzativa: è la convenienza che porta a far pesare in un certo modo una decisione che magari a livello economico non è la migliore

Lotto economico: è quel volume di produzione che consente di minimizzare i costi: fabbricazione vs. magazzino → è una decisione operativa con possibili conseguenze strategiche.

CAPITOLO 7

Decisioni di convenienza economica

Per le decisioni di convenienza economica:

- se si tratta di decisioni di gestione operativa (senza nessuna variabile che limita le potenzialità) la grandezza economica che consente di perseguire la convenienza economica più elevata è valutabile con il 1° margine di contribuzione: -valore assoluto unitario (quando c'è scarso utilizzo di capacità produttiva, situazione tranquilla); -sia in termini di Margine di contribuzione/ricavi (voglio raggiungere maggiore redditività).

Se invece ci si trova in una situazione di limitazione a fare tutto ciò che si potrebbe fare l'indicatore che serve per decidere è Margine di contribuzione/fattore scarso = valorizzazione del fattore scarso;

- se si tratta di decisioni di gestione strategica la grandezza economica che consente di ottimizzare la scelta dal punto di vista della convenienza economica è il 2° margine di contribuzione in valore assoluto.

In assenza di costi fissi specifici la grandezza economica è il 1° margine di contribuzione in valore assoluto.

Activity Based Costing

Posto che sono le attività che assorbono risorse e quindi generano costi (e non i prodotti) per applicare l'abc è necessario:

1. fare la mappatura delle attività che si svolgono
2. allocare i costi specifici nelle diverse attività mappate

3. scegliere i driver di costo: variabili da cui dipende l'attività nel centro; il driver esprime la complessità più che il volume.

Mentre con i metodi tradizionali mi costano di più le attività con i prodotti che fanno più volumi, con l'abc mi costano di più le attività che creano più complessità.

CAPITOLO 8

Nell'arco di questi capitoli abbiamo visto tre tipi di aspetti:

- misurare per conoscere
  - contabilità analitica
- misurare per decidere
  - decisioni strategiche: volumi, costi specifici, 2° margine di contribuzione
  - decisioni operative: costi variabili, 1° margine di contribuzione

Il full cost non serve per decidere ma serve a:

- orientare i prezzi di vendita di prodotti nuovi;
- valutare le rimanenze
  - misurare per attuare la strategia
    - balanced scorecard
    - budget

B.sc. è uno strumento che suggerisce di "monitorare" la performance eco-fin lungo le 4 prospettive e di legare in modo stretto la gestione operativa alla strategia.

Fasi del processo della creazione di una b.sc.:

1. definizione\rivisitazione della missione e degli obiettivi strategici
2. disegno della mappa strategica per individuare le variabili operative a valenza strategica

La mappa strategica ha le 4 prospettive messe in sequenza, e ognuna va riempita con alcune variabili che sono determinate dalla missione e dagli obiettivi strategici.

CAPITOLO 9

Il budget è un programma di azione espresso in termini eco-fin:

1. il budget non è una previsione ma
2. è un programma
3. è un programma quantificato in moneta

Ci sono tre tipologie di budget:

1. budget operativi: budget con i quali io decido le operazioni da intraprendere
2. budget economico: insieme dei budget operativi, è un conto economico di prospettiva
3. budget degli investimenti

Il budget economico e il budget degli investimenti insieme fanno i budget finanziari

CAPITOLO 10

Per creare un budget si parte dal budget delle vendite, che è quello più importante, perché:

1. nelle imprese condiziona il dimensionamento della capacità produttiva; per le sue conseguenze si determina la qualità del servizio e il rispetto delle opportunità di vendita → programma di produzione
2. per il suo ruolo nel condizionare i budget finanziari
3. per il suo ruolo nell'indirizzare gli investimenti: cap ex (investimento di mantenimento), strat ex (investimento di ampliamento): valutazione di convenienza economica e valutazione di attrattività strategica.

Un buon budget delle vendite è annuale ma in realtà è aggiornato mensilmente.

CAPITOLO 11

Differenza tra budget e programma di produzione

Budget della produzione è relativo alla quantificazione monetaria (costo) delle risorse impiegate nella produzione:
- costi diretti variabili di produzione (materie prime, ecc...)
- costi indiretti variabili di produzione (forza motrice)
- costi fissi di produzione (ammortamento, stipendi capo reparti)

programmazione di produzione: è antecedente al budget della produzione e stabilisce i volumi di produzione attesi per soddisfare l'obiettivo di volumi di vendita e variazione dei volumi di prodotto finito a magazzino.

Volume produzione = volume vendita + Rimanenze finali prodotto finito – Rimanenze iniziali prodotto finito

La verifica della fattibilità produttiva rientra nella definizione del programma di produzione. Stabilisce le modalità con le quali l'azienda realizzerà i volumi di produzione previsti.

La verifica della fattibilità produttiva fa riferimento alla valutazione della disponibilità di risorse tecnologiche umane e finanziarie.

CAPITOLO 12

Valutazione convenienza economica prodotti
- se ci si trova in una situazione di sensibile sotto-utilizzo della capacità produttiva, il prodotto economicamente più conveniente è quello con il margine di contribuzione unitario più alto;
- se invece ci si trova in una situazione di soddisfacente utilizzo della capacità produttiva, il prodotto economicamente più conveniente è quello che mi da il margine di contribuzione complessivo più alto;
- se invece pur trovandoci in una situazione di soddisfacente utilizzo della capacità produttiva, si desideri realizzare la redditività più alta possibile il prodotto economicamente più conveniente è quello che offre il margine di contribuzione in percentuale sul prezzo di vendita (contribution ratio) più alto;
- quando invece ci si trova in una situazione di capacità produttiva scarsa, il prodotto economicamente più conveniente è quello che offre (margine di contribuzione) / (fattore scarso) più elevato.

Quando elaboro un budget di fabbricazione mi trovo di fronte a due tipi di costi preventivi:
costi stimati e costi standard. I costi standard sono quei costi che consentono di controllare l'efficienza attraverso lo standard

fisico.

CAPITOLO 13

Per verificare la fattibilità finanziaria di un budget si possono usare due strumenti:

1. flussi di cassa previsionali (cash flow forecast): calcolo dei flussi con riferimento all'andamento complessivo di entrate e uscite;

2. budget di cassa o di tesoreria: dice dal tempo t0 al tempo t1 quali saranno le entrate e le uscite riferite a intervalli temporanei; previsione dell'andamento della cassa.

CAPITOLO 14

Testimonianza Il sole 24 ore

"Il sole" nasce nel 1865 e diventa "Il sole 24 ore" nel 1965, dalla fusione con "24 ore" quotidiano economico-finanziario nato nel 1946. Man mano si espande sempre di più, dal 1996 comprende un portale internet, dal '99 una radio (radio 24) e dal decennio 2000 diversi periodici e software, tramite varie acquisizioni. In tal modo il quotidiano copre meno del 50% dei ricavi del gruppo. Aree di business:

1. quotidiano
2. concessionaria di pubblicità
3. Radio 24
4. editoria professionale
5. agenzia eco-fin
6. portale internet

CAPITOLO 15

Il sistema di reporting serve, più che a confrontare i dati di budget con quelli reali, a capire i problemi della differenza tra i risultati previsti con quelli conseguiti. Questo lavoro si fa con l'analisi degli scostamenti riportati ad ogni area di business (conto economico, parte finanziaria, ecc...). Per realizzare un sistema di reporting ci sono diverse scelte da portare avanti, ossia non è solo un confronto tra budget e dati consuntivi, ma bisogna confrontare il budget anche con un budget mensile (budget alla data di analisi), un consuntivo mensile (consuntivo alla data analizzata) e un forecast a finire (previsione rivisto a fine anno, prendendo atto del trend di scostamento alle date analizzate). L'analisi degli scostamenti va fatta interpretando le varie differenze trovate. In presenza di costi variabili e costi fissi va fatta elaborando il margine di contribuzione di primo livello. In presenza di un'azienda multi-business bisogna vedere quale business si è privilegiato (business + redditizio, o business con poca marginalità).

Scopi del reporting:

- come strumento informativo sulle prestazioni realizzate; deve essere l'unico strumento ufficiale di comunicazione circa la bontà dei risultati eseguiti
- come strumento di stimolo alla ricerca delle cause dei risultati
- come meccanismo di apprendimento

CAPITOLO 16

Quando si imposta un conto economico a budget o a consuntivo (actual) è fondamentale (laddove vi siano delle rimanenze) la scelta del criterio di valutazione delle rimanenze in base al costo → perché cambiano i risultati reddituali: valutazione a costi variabili o valutazione al costo pieno.

Col variable costing mette l'enfasi sui volumi di vendita, col full costing sui volumi di produzione.

CAPITOLO 17

Il progetto è un insieme di attività fra loro interrelate final-
izzata al raggiungimento di un obiettivo entro un dato inter-
vallo temporale.
Caratteristiche di un progetto:

- ha un inizio e una fine
- deve essere completato entro un determinato periodo di tempo
- è irripetibile
- vi collabora un gruppo di persone scelte per l'occasione
- vi sono destinate risorse limitate
- è costituito da una serie di attività articolate in una sequenza di fasi

CAPITOLO 18

L'attività di pianificazione e controllo si compone di:
una parte strategica e una parte operativa.
Parte strategica (sono sequenziali):
- riflessione strategica: mi chiedo se sono posizionato come desideravo
- pianificazione strategica
- piano strategico.

➢ Parte operativa (sono sequenziali):
- riflessione gestione operativa
- programmazione e controllo
- programma operativo
- budget

Programmazione e controllo si chiama anche management control che poi venne tradotto in controllo direzionale. Non è una traduzione fedele poiché management non indica solo la direzione, perciò il passo successivo fu chiamare questa attività controllo di gestione.

Ad un certo punto ci si accorse che mancava il collegamento tra la parte strategica e quella operativa; a questo scopo c'è la balanced scorecard.

Per avere l'attività di programmazione e controllo (P&C) efficace bisogna capire da cosa dipende l'efficacia:

questa dipende da: a) come progetto il sistema di P&C

b) dalla coerenza del sistema P&C con altri meccanismi operativi

Il punto b significa preoccuparsi della coerenza tra:

- sistema di P&C <===============> sistema informativo (sistema informatico + altri sistemi informali: davanti la macchina del caffè, bar ecc...).

Meccanismo operativo: meccanismo con il quale si influenzano i comportamenti delle persone.

- Sistema di P&C <===============> sistema di ricompensa (incentivi, carriera)
- Sistema di P&C <===============> sistema di valutazione

Tutto ciò poiché l'Amministratore Delegato metta a punto un <u>management system</u>:

Sistema informativo che contiene il sistema informatico che contiene: sistema di valutazione, sistema di P&C e sistema di ricompensa (collegati tra loro)

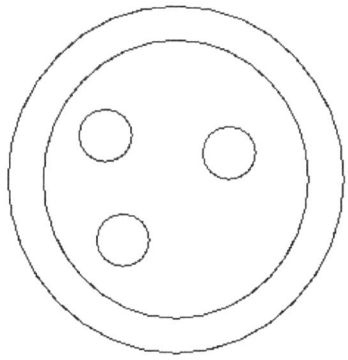

CAPITOLO 19

Ripasso

Attività di P&C → attività svolta dalle persone che operano in azienda (management)
Per svolgere in modo efficace questa attività sono necessarie delle informazioni che consentono di:
  a) Misurare per conoscere
  b) Misurare per decidere
  c) Misurare per cercare di attuare la strategia
Il sistema che può fornire queste informazioni è il sistema di P&C o sistema di controllo gestionale;
Il controller è la persona che progetta e gestisce il sistema e che si deve preoccupare di fornire le informazioni che servono.
Ne consegue:
a) il sistema di controllo gestionale è parte del sistema informatico e si avvale "pesantemente" delle tecnologie informatiche
b) per progettarlo in modo efficace cercare di definire i fabbisogni di P&C
Cosa abbiamo fatto:
  1) Misurare per conoscere
                Analisi dei costi   - lo strumento che aiuta a svolgere analisi dei costi è la contabilità analitica come evoluzione di quella industriale

                - classificazione dei costi: costi diretti/indiretti (diventati specifici/comuni), costi variabili/fissi (distinzione importante per la leva operativa: variazione reddito operativo % / variazione volumi %; per calcolarla margine di contribuzione / reddito operativo)

- metodo di calcolo dei costi diversi:

full costing, variable costing e traceable costing

La conclusione è che misurare per conoscere, il metodo migliore è il **traceable costing**, che a causa della sua complessità può essere opportuno utilizzare le logiche dall'ABC che portano:

- a far costare di più prodotti che creano complessità;
- a poter disporre di informazione di costo sulle attività svolte in azienda.

2) misurare per decidere   Costi diversi per scopi diversi
- decisioni strategiche → informazioni di costo rilevante è il costo specifico

Decisioni make or buy

Non devono essere mai prese utilizzando costi unitari poiché:

- il costo unitario interno può comprendere costi non specifici rilevanti
- il costo unitario interno dipende dal volume di produzione scelto

e bisogna utilizzare i concetti di costo variabile e costo fisso. I costi specifici sono solo loro quelli fondamentali

3) misurare per attuare la strategia
Gli strumenti   balanced scorecard → budget: operativi, investimenti, finanziari (preventivi, flussi di cassa, budget di tesoreria)
Sistema di reporting